LE SPIRITUALISME

ou

LE REGNE DE DIEU ET LE NOUVEAU MONDE

(NOUVELLE DOCTRINE UNIVERSELLE)

~~~~~~~

LA

RÉPUBLIQUE UNIVERSELLE

DE L'AVENIR

———

LE VOTE DES FEMMES

PAR

JEAN-LOUIS VAÏSSE

> Les principes constitutifs de la République universelle de l'avenir sont les seuls, qui puissent donner à la France cette unité de principes politiques, capable de la sauver de sa ruine, capable de la rendre puissante et glorieuse au milieu de tous les autres peuples du monde.
>
> J.-L. V.

———

TOULOUSE

F. GIMET, Libraire-Editeur

66, rue des Balances, 66

PARIS

Joel CHERBULIEZ, Lib.-Edit.

33, rue de Seine, 33

Avril 1871

LA

RÉPUBLIQUE UNIVERSELLE

DE L'AVENIR

I. — Qu'est-ce que la Monarchie ? — Qu'est-ce que la République ?

Dans ma publication du mois dernier, — Mars 1871, — intitulée : *La Vérité sur l'état moral de la France,* j'ai annoncé que ma doctrine du *Spiritualisme* ferait connaître la forme nouvelle des gouvernements de l'avenir, celle qui est destinée à prévaloir chez tous les peuples du monde, celle enfin que j'ai appelée : *La République universelle de l'avenir.*

Mais, ce que j'ai appelé la République universelle de l'avenir, c'est ce que, dans le langage propre de ma doctrine nouvelle du spiritualisme, j'appelle : *La République du règne de Dieu et du nouveau monde.*

Ces deux désignations : la République universelle de l'avenir, et la République du règne de Dieu et du nouveau monde, sont deux termes qui désignent deux choses tout à fait identiques ; ce sont deux énoncés différents d'une seule et même chose. Que mon lecteur se le rappelle afin que, dans son esprit, il ne puisse y avoir aucune confusion, ni aucune méprise, entre lui et moi.

Les hommes politiques et les critiques qui s'attachent à l'étude de la politique, vivent le plus souvent en dehors des méditations religieuses ; et c'est le très-grand nombre de personnes. Aussi, ces personnes savent bien ce que peuvent signifier ces mots : la République universelle de l'avenir ; elles s'entendent fort bien entre elles à cet égard.

Pour moi, au contraire, qui puise toutes mes croyances morales et toutes mes inspirations, comme aussi toutes mes aspirations sociales dans les enseignements de la religion, — je veux dire de l'*Evangile*, et non du catholicisme, ni du protestantisme ; ne pas confondre, — ce que je comprends, ce que je vois, ce que je pressens, pour un avenir très-prochain, c'est ce que je nomme dans mon langage religieux : la République du règne de Dieu et du nouveau monde.

Aussi, il m'arrivera d'employer tour à tour ces deux désignations, sans que pour cela il y ait confusion dans mon esprit ou dans ma discussion philosophique ; encore une fois que mon lecteur s'en souvienne.

Donc, j'ai promis dans ma dernière publication de faire connaître quel est le *principe politique*, qui pourra rallier toutes les consciences et provoquer en France ce que j'ai appelé : l'Unité politique en faisant cesser toutes nos divisions de partis politiques.

Je viens aujourd'hui tenir la promesse que j'ai faite à mes concitoyens.

Pour mieux éclairer la question, pour mieux traiter mon sujet, il me paraît utile d'établir un parallèle entre la Monarchie et la République, afin de mettre en présence, l'un de l'autre, ces deux principes politiques.

Ce rapprochement, d'ailleurs, servira d'introduction à ma démonstration politique, et fera mieux comprendre à tous, ce que sera la République universelle de l'avenir ; ce que devra être la République du règne de Dieu et du nouveau monde.

Qu'est-ce que la Monarchie? Qu'est-ce que la République? Pourrait-on donner une définition exacte, et parfaitement logique de *ces deux principes politiques ?*

Selon mon appréciation personnelle, et autant que la nature des choses permet de le comprendre, je dis que : la Monarchie, c'est *le pouvoir individuel*, c'est-à-dire *le gouvernement d'un seul ;* la République, c'est *le pouvoir collectif*, c'est-à-dire *le gouvernement de plusieurs.*

Cette double définition, très-simple et très-courte en même temps, une fois admise, il en résulte cette conséquence incontestable, c'est que la Monarchie et la République sont deux *principes politiques diamétralement opposés*, et l'antipode l'un de l'autre. Ce qui prouve que je ne me trompe pas, et que

je suis dans le vrai, en affirmant cet antagonisme,
entre ces deux principes politiques, c'est que les rois
ont toujours eu en haine la République, et que la
République a toujours détesté les rois.

II. — Les monarchies bâtardes.

Si maintenant, je porte mes regards autour de moi,
et que je passe en revue les divers gouvernements
qui fonctionnent dans ce moment. Je ne vois guère
que la Russie, qui soit véritablement une monarchie.

Le gouvernement de la Russie est réellement le gouvernement d'un seul. Le czar exerce seul la puissance
en maître absolu. Lui seul, commande à ses ministres;
lui seul, donne des ordres à tous les gouverneurs de
provinces; lui seul, prescrit à tous ses agents de la
police secrète ce qu'ils ont à faire, etc.

Je ne vois en Russie, aucun corps politique, aucune
assemblée délibérante qui inspecte et discute la politique du czar, et qui, à un moment donné, vienne
opposer son *veto* à la volonté du maître.

Le gouvernement de la Russie est donc bien réellement *le pouvoir individuel et le gouvernement
d'un seul;* il *est le type parfait de ce principe politique* que j'ai appelé la Monarchie.

A côté du gouvernement de la Russie, je vois beaucoup d'autres gouvernements, qui se disent monarchiques, qui s'affirment monarchie, et qui cependant
ne sont pas une monarchie. Parmi tous les gouverne-

ments, qui sont dans cette dernière condition, je citerai, par exemple, l'Angleterre.

L'Angleterre se dit une monarchie; mais tout le monde connaît le fanatisme des Anglais pour celle qu'ils appellent leur gracieuse souveraine, la reine Victoria.

Cependant, je ne dirai rien que de très-vulgaire, et qui ne soit connu de tout le monde, en affirmant que le *pouvoir de la reine d'Angleterre* est sans importance, et que l'élément, qui, en Angleterre, exerce le pouvoir, c'est réellement et véritablement tout à la fois la Chambre des Lords et la Chambre des Communes. Ces deux institutions politiques gouvernent réellement le pays, et représentent incontestablement ce que j'ai appelé *le pouvoir collectif*, c'est-à-dire *le gouvernement de plusieurs*. De sorte que le gouvernement de l'Angleterre tient de la Monarchie par l'existence de la Reine, et il tient aussi de la République par l'existence de la Chambre des Lords et de la Chambre des Communes. Aussi, j'affirme que cette nation, en vue de son gouvernement, n'est, à proprement parler, ni une Monarchie, ni une République.

Le principe politique qui a prévalu en Angleterre, ce n'est ni la Monarchie, ni la République, c'est un amalgame de ces deux principes politiques. Aussi l'Angleterre, est ce que, dans mon langage, je nomme une *Monarchie bâtarde*.

Que mon lecteur ne se scandalise pas de mes paroles; il y a des idées qui pour être rendues fidèlement ne le peuvent sans la présence de tel mot, qu'il faut toujours savoir employer. D'ailleurs, je suis tout à fait de l'école de Boileau, qui a dit :

> Je ne sais rien nommer si ce n'est par son nom ;
> J'appelle un chat, un chat, et Rolet un fripon.

J'ajouterai maintenant que ce qui est vrai pour le gouvernement de l'Angleterre, est également vrai pour les autres gouvernements monarchiques, la Russie excepté, toutefois. Ainsi, les gouvernements de l'Autriche, de l'Italie, de la Prusse, de l'Espagne, etc., etc., sont tous des gouvernements mixtes, qui sont un amalgame du principe politique de la Monarchie et du principe politique de la République ; aussi je les nomme tous des Monarchies bâtardes.

III — Les Républiques bâtardes.

Si du gouvernement de l'Angleterre je passe à la République française de 1848. — Je puis en parler fort à mon aise ; la République de 48 est morte et enterrée ; or je ne sache pas que les morts ressuscitent pour riposter, quand on leur dit des choses, qui ne sont pas absolument agréables à leur mémoire. — La République française de 1848, composée de l'Assemblée constituante ou législative, comme on le voudra, et du président de la République dans la personne de Louis-Napoléon, n'était pas une République dans le sens de la définition que je viens d'en donner.

Le gouvernement de 1848 tenait de la République, par l'Assemblée qui représentait *le pouvoir collectif*, c'est-à-dire *le gouvernement de plusieurs*, et de la Monarchie par le président de la République, qui représentait *le pouvoir individuel*, c'est-à-dire *le gouvernement d'un seul*. C'était encore un gouvernement mixte, moitié Monarchique, moitié République.

Si encore, les hommes auxquels incomba la tâche et l'honneur de constituer la République, avaient eu le bon esprit de faire nommer le président, par l'Assemblée, au lieu de le faire nommer par le peuple, la situation politique n'aurait pas été aussi mauvaise qu'elle le fut en réalité ; car le jour où l'Assemblée aurait été mécontente du président nommé par elle, elle l'aurait destitué, sans aucune forme de procès, soit pour le remplacer par un autre, soit pour supprimer totalement cette fonction politique, la présidence de la République.

Mais non. On eut le tort impardonnable, selon moi, de faire nommer le président par le suffrage universel. Dès lors on eut en présence deux pouvoirs, issus de la même source, savoir : le suffrage du peuple ; on eut, d'une part, *le pouvoir de l'Assemblée*, représentant le principe politique de la République, et, d'autre part, le *pouvoir du Président*, représentant le principe politique de la Monarchie.

Cet état de choses, aussi malheureux qu'il pût l'être, devait nécessairement et inévitablement établir une lutte entre l'Assemblée et le Président, entre le principe de la République et le principe de la Monarchie, deux principes qui sont réciproquement l'ennemi, l'un de l'autre, comme nous l'avons vu.

Aussi, en présence de cet état de choses, je me disais souvent en moi-même : la guerre éclatera au premier moment entre ces deux éléments du pouvoir, entre ces deux pouvoirs antagonistes et ennemis ; et de deux choses l'une, ou bien l'Assemblée supprimera le président de la République, et alors la République triomphera ; ou bien le Président culbutera l'Assemblée, et alors la République disparaîtra au profit de la Monarchie impériale.

C'est ce qui arriva, contre mes prévisions, je l'avoue ; car, j'avais toujours espéré que les républicains de l'Assemblée auraient eu assez d'intelligence, pour supprimer le président de la République et renvoyer Louis-Napoléon en Corse.

Ah ! Messieurs les Républicains de 48, vous étiez des républicains d'une piètre logique !... Mais passons ; soyons indulgent envers vous !...

Le gouvernement de 48 n'a donc jamais été pour moi ce que l'on appelle une République, mais bien ce que j'appellerai, pour rester fidèle à mes appréciations de principes, *une République bâtarde.*

Il faut toujours être ferme sur les principes, une fois qu'ils sont posés, et ne jamais transiger avec eux, en leur faisant la moindre concession, sous peine de mentir à sa conscience et de se déjuger soi-même.

J'ajouterai, enfin, que je ne vois nulle part un gouvernement, qui puisse se vanter ou se glorifier d'être réellement une République.

Mais peut-être va-t-on m'objecter que la République des Etats-Unis d'Amérique est un gouvernement fort, puissant et prospère, et que cet état de prospérité et de puissance, dans lequel se maintient ce gouvernement, démontre sa vitalité, et par conséquent la puissance vitale du principe politique de la République, telle qu'elle est constituée dans cette nation.

Assurément je ne nie pas la prospérité de la République des Etats-Unis d'Amérique! Mais cet aveu de ma part, fait avec une sincérité parfaite; cet acquiescement à l'opinion publique ne saurait, en aucune manière, infirmer ma discussion et altérer en rien ma conviction.

La République des Etats-Unis d'Amérique est forte, puissante, prospère, uniquement par suite des *principes d'économie* qu'elle pratique. Dans une nation quelconque il y a, à côté des principes politiques, les principes économiques; autre chose est l'économie, autre chose est la politique.

La République d'Amérique est prospère par ses principes économiques et non par ses principes politiques; il faut que mon lecteur se rende parfaitement compte de cet état de choses, sous peine de ne savoir discerner la vérité.

La République des Etats-Unis d'Amérique, je le répète, est une République prospère et puissante, dont la prospérité peut se maintenir encore de longues années, des siècles, si l'on veut; mais *comme principe politique*, elle n'en est pas moins, et n'en demeurera pas moins, ce que je nomme une République bâtarde.

On voit tous les jours des bâtards qui sont forts et robustes, qui ont une santé de fer, et qui usent une existence des plus longues, mais qui n'en sont pas moins des bâtards.

De même aussi le gouvernement de la République des Etats-Unis d'Amérique peut se maintenir, *tel qu'il est constitué aujourdhui*, pendant des siècles encore, mais il n'en sera pas moins vrai que, en vue du principe que j'ai mis à la base de ma démonstration politique, il n'en sera pas moins vrai, dis-je, que la République des Etats-Unis d'Amérique sera toujours une République bâtarde.

Le président des Etats-Unis d'Amérique, comme du reste, tous les présidents de République, sont, dans mon langage, ce que je nomme une cinquième roue de voiture. Otez le président, et supprimez ce fonctionnaire du gouvernement, le char de l'Etat marchera tout aussi bien, peut-être mieux, qu'auparavant, et la République ne s'en portera pas plus mal.

Lés Républiques modernes, aussi bien que tous nos gouvernements monarchiques, sont des *gouvernements mixtes*, qui tiennent à la fois de la Monarchie par le président, et de la République par les assemblées politiques.

Ces gouvernements, qui se disent des Républiques, sont encore un amalgame du principe politique de la Monarchie et du principe politique de la République; aussi je les nomme tous des Républiques bâtardes.

Les républiques bâtardes, aussi bien que les monarchies bâtardes, me paraissent être, ce que j'appellerai

des gouvernements de *transition*. C'est une forme de
gouvernement intermédiaire, c'est un terme moyen
entre la *monarchie absolue* et la *République pure*.
C'est ce terme moyen qui aura permis à la vieille société, purement monarchique, de passer à l'état de
république pure. Cet ordre de choses ne doit étonner
personne. La société humaine, pour arriver à son dé-
veloppement politique complet, aura dû passer par tous
les échelons du progrès. Ce phénomène moral est universel ; il n'est pas particulier à la politique. Dans toutes
les institutions morales, l'esprit humain a parcouru
tous les degrés de transformation, pour arriver finalement, à ce que nous appelons, l'idéal, qui est en quelque sorte, la dernière limite du bien, du beau et du
vrai.

La société moderne est, dans ce moment même, sur
la limite qui sépare ces gouvernements mixtes, — soit
qu'ils se disent monarchies, soit qu'ils se disent républiques — du gouvernement de la *vraie République*.
Elle n'a qu'un pas à faire pour poser son pied sur le
terrain nouveau, sur lequel doit fleurir paisiblement
et tranquillement la République universelle de l'avenir, qui sera aussi celle du règne de Dieu.

IV. — Qu'est-ce que le pouvoir exécutif?

A propos des fonctions politiques que remplit le Président de la République, on se plaît à dire que le
Président est le chef du Pouvoir exécutif.

Le *Pouvoir exécutif!* Encore une locution qui ne peut pas entrer dans ma tête, et que je ne saurais jamais accepter.

Il y a dans le vocabulaire des discussions philosophiques, politiques, économiques et religieuses de mes contemporains, certaines locutions, qui sont consacrées par l'usage, et qui sont très-usitées, quoique, à vrai dire, elles soient un non sens, ou mieux encore un véritable contre-sens. Mes contemporains, qui les emploient bénévolement et innocemment, ne se doutent pas, certainement, de quelle sorte de malaise nerveux ils affligent ma logique, toutes les fois qu'il m'arrive de jeter les yeux sur leurs écrits, et que je rencontre ces contre-sens inadmissibles.

Ainsi, j'entends souvent parler de *catholicisme libéral.* N'est-ce pas là le plus étrange, le plus énorme des contre-sens? Le catholicisme n'a-t-il pas pour essence ou pour principe la domination, ou pour mieux dire le *despotisme.* Or, qu'est-ce qu'un despotisme libéral, je vous le demande, sinon le plus certain, le plus énorme, le plus impardonnable des contre-sens! J'entends encore parler de *judaïsme progressif;* encore deux mots qui doivent être fort étonnés de se trouver associés. Souvent aussi, j'entends parler des *lumières de la raison,* alors que l'histoire philosophique de l'humanité nous montre que la raison a été toujours embourbée dans les ténèbres, et que la vérité, c'est-à-dire la lumière, a toujours eu une peine infinie à se faire accepter par la raison des hommes. Une expression encore, qui est très-usitée dans le domaine de l'économie, c'est celle de *produits de l'industrie*. Or, il est tout à fait certain et hors de doute, que l'industrie ne produit jamais rien, c'est l'agriculture, et non l'industrie, qui produit. L'agriculture seule donne lieu au phénomène de la production, *car elle multiplie la matière*, mais l'industrie ne saurait en aucune manière multiplier la matière, donc l'industrie ne produit rien, et cette locution les produits de l'industrie, locution, très-usitée parmi nos économistes, prouve leur défaut de jugement et d'appréciation.

Je n'admets pas, ai-je dit, ce que mes contemporains appellent le *Pouvoir exécutif*.

Un pouvoir qui exécute et qui accomplit ce qu'on lui commande, c'est une chose que je n'ai jamais pu comprendre et que certainement je n'accepterai jamais.

Un pouvoir impératif, qui commande, qui ordonne, à la bonne heure! Voilà ce qui se comprend? Mais un pouvoir exécutif, ne sera jamais, en bonne logique, un pouvoir. Le pouvoir qui exécute est le très-humble serviteur de celui qui lui commande. Or, celui qui reçoit des ordres et qui est chargé de les exécuter, n'est pas un pouvoir; il ne peut qu'une seule chose, c'est obéir. Obéir n'est pas commander.

Le pouvoir d'obéir n'est donc pas un pouvoir; c'est le pouvoir de commander qui est réellement un pouvoir, qui seul est un pouvoir.

Je n'admets donc, et je n'admettrai jamais ce qu'on appelle le pouvoir exécutif.

Telles sont les considérations logiques et rationnelles, que j'ai cru devoir présenter à mes lecteurs, à propos

de ces deux principes politiques que l'on appelle la
Monarchie, la République.

V. — La véritable République par une assemblée unique. — Le Conseil des sages.

De ma discussion précédente, il résulte que le *gouvernement de la République* est celui dans lequel le pouvoir est collectif, et se trouve exercé par plusieurs, constituant ensemble une seule assemblée politique.

A mon avis, il serait tout à fait inopportun de diviser la puissance en deux assemblées ; une seule assemblée sera toujours un pouvoir plus fort, plus puissant, plus homogène, plus honoré, plus respecté.

Cette assemblée unique, qui devra composer ce que j'appelle la véritable République, c'est-à-dire le gouvernement de la République universelle de l'avenir, et exercer le pouvoir au nom de la nation entière, quel nom lui donnerons-nous ? L'appellerons-nous la *Convention*, ou bien l'*Assemblée constituante*, ou bien l'*Assemblée législative*. Une assemblée, qui est constituante, n'est-elle pas assez intelligente pour être une assemblée législative, et une assemblée, qui est législative, n'est-elle pas assez intelligente pour être constituante ?

Je ne trouve rien de plus singulier que de dire à une assemblée : Vous avez fait une constitution, mais vous n'avez pas assez d'intelligence pour faire des lois, sortez, allez vous-en ; ou de dire à cette assemblée, vous avez fait des lois, mais vous n'êtes pas apte à faire une constitution, retirez-vous.

D'ailleurs, ce qui démontre le néant, pour ne pas dire le ridicule d'une telle logique, c'est que la plupart des membres, qui sont congédiés par la dissolution d'une assemblée, sont réélus dans l'assemblée nouvelle pour laquelle ils ont été reconnus ou déclarés incompétents ou incapables.

Sans entrer dans plus de détails sur le sujet qui est en discussion dans ce moment, je voudrais que l'assemblée qui, dans toutes les nations du règne de Dieu et du nouveau monde, représenterait le gouvernement d'une République et qui, seule, exercerait le pouvoir, se nommât : *le Conseil des sages.*

Pourquoi cette dénomination : le Conseil des sages?

D'abord le mot *Conseil* me paraît préférable à celui d'*Assemblée*. Le mot assemblée désigne une réunion purement et simplement; on peut se réunir et s'assembler pour bien des choses : pour les choses les plus indifférentes ou d'un intérêt insignifiant.

Dans un *conseil*, au contraire, comme l'indique le mot lui-même, on se conseille; chacun donne son avis, on s'éclaire mutuellement, la lumière se fait et la vérité triomphe.

Ensuite ce conseil se nommerait Conseil des sages. Il y a un proverbe qui dit : *Noblesse oblige;* et cela est très-vrai. Conséquemment les hommes, à qui serait dévolu le pouvoir de la République, et qui composeraient ce conseil des sages, seraient tenus de gouverner la nation, avec sagesse. S'agirait-il des impôts à voter?

2

Le conseil serait tenu de décréter les impôts avec *sagesse*, c'est-à-dire, de ne pas obérer la nation par des dépenses exagérées ou des emplois inutiles. S'agirait-il de décider si l'on doit déclarer la guerre à telle nation, ou au contraire maintenir la paix ? Le conseil serait tenu de juger une telle situation avec prudence et *sagesse*. et ainsi de suite pour toutes les questions. qui se rattacheraient à la gestion des intérêts de la République.

J'estime ensuite qu'il y a incompatibilité entre le mandat de membre du conseil des sages et toute autre fonction.

Ainsi, le général, qui serait élu au conseil des sages devra déposer son épée et ne plus s'occuper de son service militaire. L'avocat, nommé audit conseil, devra cesser de plaider et de fréquenter le palais. Le médecin devra cesser de voir des malades ; l'ecclésiastique devra résilier ses fonctions pastorales, et ainsi de suite pour tous les membres qui seront élus au conseil des sages.

Le mandat de représentant de la République est tellement important, selon moi, qu'il doit absorber toutes les préoccupations du mandataire, à l'exclusion de toute autre préoccupation. Le mandataire consciencieux est tenu d'étudier avec soin toutes les questions, qui seront l'objet des délibérations du conseil des sages, afin d'apporter en toutes ces questions un vote intelligent et éclairé.

Que de connaissances ne doit pas avoir le représentant de la République, celui qui fait partie du conseil des sages, concernant : l'agriculture, l'industrie, le commerce, les finances, l'enseignement, etc., etc.?

Telles sont, en quelques mots, les considérations les plus importantes concernant l'assemblée qui, dans le règne de Dieu et du nouveau monde, constituera le gouvernement de la République universelle de l'avenir et qui exercera le pouvoir au nom de la nation entière.

VI. — Majorité et Minorité. — L'opinion publique, la Révolution.

Quelques esprits politiques, très-intelligents d'ailleurs, à qui j'ai fait part de mon principe politique de la République universelle de l'avenir, savoir : une assemblée unique, ont exprimé des doutes à ce sujet, et ils m'ont dit : « Vous voulez fonder un gouvernement avec une seule assemblée, seule maîtresse du pouvoir, ayant une liberté d'action absolue, en un mot, omnipotente en tout et pour tout? Mais ne voyez-vous pas qu'il y a là un danger certain? Et si cette assemblée s'égare dans une mauvaise voie, qui est-ce qui l'arrêtera? Si par ambition elle voulait faire un coup d'État à son profit, qui l'en empêcherait? »

Toutes ces objections sont insignifiantes, et n'ont aucune valeur aux yeux de la logique éclairée.

D'abord, dans une assemblée politique quelconque, il y a toujours deux éléments certains et positifs, savoir : *la majorité* et *la minorité*, et je dis que, la majorité sert de contrepoids à la minorité, et que la minorité, à son tour, sert de contrepoids à la majorité. Ce sont ces deux puissances, qui existeront dans toute assemblée politique, qui toujours se serviront, l'une à l'autre, d'éclaireur. L'affirmation de la majorité pourra devenir un enseignement, une lumière pour la minorité; et les protestations de la minorité pourront devenir un avertissement pour la majorité.

A côté de cette première considération, qui a une valeur incontestable, il y en a une seconde, plus importante encore; celle-ci, à savoir : qu'il y aura toujours au-dessus de toute -assemblée politique, aussi puissante que vous pourrez la supposer, une puissance plus grande qu'elle, placée plus haut qu'elle, toute souveraine, et qui la dominera absolument. Cette puissance toute souveraine, qui, dans toute nation, dominera toujours toute puissance politique, c'est *l'opinion publique*. Oui, toute assemblée politique, si puissante qu'elle soit, sera toujours obligée de compter avec l'opinion publique, de la prendre en considération, d'avoir égard à ses jugements, d'écouter ses critiques, de prêter une oreille attentive à ses avertissements, et finalement d'accepter ses remontrances et de se soumettre à sa volonté.

Oui, je le répète, une assemblée politique, seule et absolue dans sa puissance, ne sera jamais un danger pour les intérêts d'une république quelconque, attendu que l'opinion publique sera toujours là pour l'arrêter dans ses égarements.

Enfin, il y a une troisième considération non moins importante que la précédente; cette considération, c'est l'existence d'une puissance, aussi puissante que l'opinion publique, plus puissante encore que l'opinion publique, savoir : *la Révolution.*

Oui, c'est la Révolution, elle-même en personne, qui pourra toujours arrêter une puissance égarée, en la brisant de ses mains de fer.

La chambre des pairs et la chambre des députés ont-elles sauvé le pays en 1830 et en 1848 ? Non ; mais *la Révolution, par deux fois différentes, est venue arrêter le pouvoir de deux assemblées, qui s'étaient égarées, et qui faisaient fausse route.*

Pourquoi donc, dans ces deux circonstances, la chambre des pairs n'a-t-elle pas contrebalancé le défaut d'intelligence ou de jugement politique de la chambre des députés ? Ou pourquoi, la chambre des députés n'a-t-elle pas contrebalancé le défaut d'intelligence ou de jugement politique de la chambre des pairs ?

En 1870, c'est encore la Révolution qui a arrêté le pouvoir de deux assemblées, qui s'étaient, à coup sûr, égarées, et qui ont fait fausse route vers l'abîme où nous sommes, hélas ! tombés, jusqu'à ce qu'il plaise à Dieu, qui est le Dieu puissant et fort, de nous en retirer.

Pourquoi encore, dans cette circonstance, l'assemblée du Corps législatif n'a-t-elle pas déjoué l'ignorance et la politique vénale et corrompue du Sénat ? Ou pourquoi, l'assemblée du Sénat n'a-t-elle pas brisé la volonté du Corps législatif, volonté d'une politique insensée et ignominieuse, *manifestée dans la forte majorité* qui s'affirmait aux derniers jours de l'empire?

Vous le voyez donc bien, mes contradicteurs politiques, irréfléchis, et dominés par une vieille routine, qui enchaîne votre jugement et vous empêche de bien juger; le pouvoir confié à deux assemblées ne me donne aucune garantie de sécurité, ni de stabilité; et ne sera jamais un moyen d'empêcher le pouvoir de sombrer, et de disparaître dans une révolution.

Le pouvoir, confié à une seule assemblée, sera un pouvoir plus simple, et par cela même plus homogène et plus fort. Ce pouvoir d'ailleurs ne sera jamais un danger pour la liberté, attendu que l'opinion publique sera toujours là pour scruter sa politique, la diriger et réprimer ses égarements. Enfin, si l'opinion publique, dans sa puissance toute souveraine, est impuissante à réprimer les égarements du pouvoir, il y aura toujours la Révolution qui viendra mettre le holà, toutes les fois que cela sera juste et nécessaire.

Le monde politique a toujours été régi par ce système, dicté par la logique la plus vulgaire et la plus essentielle, s'adaptant d'ailleurs merveilleusement à la nature du cœur humain. Et j'ajouterai que, le monde politique, dans l'avenir le plus prochain, comme dans l'avenir le plus reculé, continuera à marcher d'après ce même système.

Que les consciences timorées, que les esprits politiques, aveuglés par la routine, se rassurent donc à propos de ma République universelle de l'avenir, et qu'ils tâchent de comprendre que le pouvoir, représenté par une seule assemblée politique, n'offrira aucun danger pour la liberté du pays, et qu'il sera, surtout, plus puissant pour faire le bien et diriger les intérêts du pays dans la voie du progrès et de la prospérité.

Je maintiens donc mon opinion politique, et ma doctrine du spiritualisme, qui a le secret et le dernier mot, en toutes choses, vient dire à tous, au nom du Règne de Dieu, que l'idéal politique, en ce qui concerne la forme des gouvernements du nouveau monde à venir, sera le pouvoir exercé par une assemblée, *seule et unique*, que j'ai nommée : *le Conseil des Sages*.

VII. — Les élections au Conseil des sages.

Je suis très-peu satisfait, pour ne pas dire très-mécontent, de la manière dont se font les élections aux assemblées de la République.

On sait que tout individu, qui désire parvenir à l'honneur de faire partie de nos assemblées politiques, est tenu, par suite des habitudes admises et pratiquées par tous, est tenu, dis-je, de faire *sa profession de foi politique*. Ces professions de foi sont affichées dans les principales localités du département, dans lequel le candidat pose sa candidature ; elles sont aussi imprimées dans quelques-uns des journaux ; enfin, le candidat visite les diverses réunions électorales, et là, il développe les principes politiques qui résument sa confession de foi. Je passe sous silence les

Candidatures officielles et toutes les intrigues ou scandales politiques qui en sont la conséquence inévitable.

Ce système d'élections politiques laisse beaucoup à désirer ; je dirai même qu'il est tout à fait défectueux.

Il arrive tous les jours qu'un petit avocat, sans connaissances des principes politiques, mais qui a pris assez facilement l'habitude de parler et de phraser, s'emparant de quelques mots politiques retentissants tels que : *droit, justice, liberté,* etc., à un moment donné, finit par captiver l'esprit du vulgaire, de manière à jetter de la poudre aux yeux, comme on dit vulgairement, et à s'assurer un chiffre de suffrages, suffisant pour être nommé représentant à l'assemblée politique. Mais quant aux connaissanses du candidat, comme administration, Zéro? Quant à ses connaissances en matière de finances, Zéro? Quant à ses connaissances relatives à l'armée, à l'enseignement, etc., Zéro? Combien de nullités et d'incapacités n'avons-nous pas comptées parmi les membres des diverses assemblées de l'empire, gouvernement de triste, de funeste, de honteuse mémoire ! Bien des fois les électeurs croient nommer un homme intelligent et dévoué, alors qu'ils ont à faire à un intrigant, à un ambitieux des plus incapables.

En conséquence, je voudrais qu'il fut absolument interdit à tout citoyen de se mettre sur les rangs et de poser sa candidature, ni par la voie des journaux, ni par la voie des affiches, sous peine de déchéance complète, sous peine de perdre tous ses droits à sa nomination au Conseil des sages.

Le soin de rechercher dans la société les hommes

intelligents, capables et dévoués à la République, c'est-
à-dire aux intérêts de la nation, serait dévolu aux électeurs, dans les assemblées électorales, qui précèdent
toujours le vote des élections. C'est dans ces assemblées
que les électeurs discuteraient le mérite des citoyens;
et selon le résultat de ces discussions, les suffrages des
électeurs se porteraient, sur ceux des citoyens, qui
offriraient les plus grandes garanties de capacité, d'intelligence et de dévouement à la cause publique.

Voilà de quelle manière je comprends les élections;
voilà de quelle manière on devra procéder dans la République du règne de Dieu et du nouveau monde.

VIII. — Les électeurs. — Le suffrage universel.

Quels seront les citoyens, qui auront le droit de
choisir les hommes, qui composeront le Conseil des
sages? En d'autres termes, qui sera électeur dans la
République du règne de Dieu, dans la République
universelle de l'avenir?

A côté de cette question vient se placer, tout natu-
rellement, la question du suffrage universel.

On sait qu'avant la révolution de février 1848, pour
être électeur, il fallait — si je suis bien informé et si
ma mémoire ne me trompe pas — il fallait, dis-je,
payer au moins 200 francs de contributions directes;
et, en dehors de cet état de choses, il était impossible
d'être électeur. Conséquemment, étaient exclus du
droit de vote, tous les propriétaires, qui payaient moins

de 200 francs de contributions ; étaient exclus les petits
industriels, les petits commerçants, les membres du
barreau, les membres du clergé, et de l'enseignement, etc., etc., en un mot, toutes les classes de
citoyens, qui payaient moins de 200 francs de contributions directes.

Cette disposition concernant les électeurs, et relative
au droit de vote, appelait une réforme sérieuse, mais
aussi *une réforme intelligente.* Ce fut pour n'avoir
pas voulu faire droit à ces justes réclamations de la
nation, que la monarchie de Louis-Philippe croula le
24 février 1848. Les hommes qui arrivèrent au pouvoir à la révolution de 48, et qui prirent la succession
du gouvernement de Louis-Philippe, voulant donner à
la nation un témoignage de leur esprit de libéralisme,
décrétèrent le *suffrage universel.*

D'après cette nouvelle loi de la République de 48,
tout homme âgé de vingt-un ans — si je suis encore
bien informé — sans aucune autre distinction, est
électeur ; par conséquent tout nos bons paysans des
campagnes, qui ne savent ni lire ni écrire, et qui sont
d'une ignorance crasse — disons le mot — en matière
de connaissances politiques et sociales, nos bons paysans, dis-je, sont électeurs ; ils ont le droit de voter ;
c'est à eux enfin, que se trouve confié, en partie, le
soin de nos intérêts généraux, en un mot les destinées
de la France.

IX. — Le vote des campagnes ou les machines à voter.

Tout le monde connaît toutes les intrigues qui agitent les divers partis politiques, à l'époque des élections; comment ceux-ci usent de toute leur influence pour arriver à leur fin, et la pression qu'ils exercent sur l'esprit de nos campagnards, pour arriver à faire nommer les candidats de leur choix.

On sait qu'il est d'usage de faire distribuer, à la porte des salles, où les électeurs vont voter, des bulletins imprimés. Chaque parti politique à son candidat, et par suite son bulletin imprimée, portant le nom du candidat qui a été choisi. Quand le paysan se présente à la porte de la salle du vote, il est obsédé par les distributeurs de bulletins. Il en prend un de chaque main; il les regarde avec une sorte de défiance et d'anxiété, qui trahit son insuffisance, pour ne pas dire son ignorance; mais comme il ne sait pas lire, il n'y voit que blanc et noir, comme on dit.

Alors, il s'interroge machinalement, et il se dit en lui-même : Quel est le bon; est-ce celui-ci, où est-ce celui-là? Sur ces entrefaites arrive un autre électeur de la petite bourgeoisie, lequel sait lire; et qui, voyant le nom écrit sur les deux bulletins dit à notre paysan : mettez celui-là; voilà le bon; et notre paysan, suivant le conseil qu'on vient de lui donner, dépose dans l'urne électorale le bulletin signalé. Il va sans dire que si l'électeur lettré, qui a influencé le paysan et déterminé son vote, est légitimiste, il a conseillé le bulletin du candidat légitimiste ; s'il est impérialiste, il a conseillé le bulletin du candidat de l'empire, etc. Voilà, ami lecteur, ce que c'est que le suffrage universel dans nos campagnes ; voilà de quelle manière votent nos bons paysans.

Eh bien, moi je dis que le paysan, qui vote dans de telles conditions, n'est pas un électeur ; c'est dans toute l'acception du mot, ce que je nomme : *une machine à voter*, et pas autre chose !

La République universelle de l'avenir réprouve formellement un pareil ordre de chose, et ne saurait admettre, en aucune manière, un système aussi défectueux, aussi illogique, aussi absurde que celui-là.

La question importante, dans l'exercice du droit de vote, n'est pas précisément d'obtenir *un très-grand nombre de votants,* mais *un certain nombre de votants éclairés,* et capables de voter avec intelligence et en parfaite connaissance de cause. Voilà l'état de la question.

Or, quelle intelligence et quelle connaissance voulez-vous que possède le paysan, qui ne sait ni lire, ni écrire ; qui s'occupe uniquement de ses vaches ou de ses mules ; qui n'a dans sa pauvre tête que des idées d'intérêts matériels, assez restreints, et se rapportant uniquement à son champ de pommes de terre ou de haricots ?

Quelle connaissance et quelle intelligence peut apporter un électeur qui vote dans de telles conditions ?

Aucune incontestablement! Quelle valeur morale peut avoir un tel suffrage aux yeux du pays? Aucune encore! Quelle garantie voulez-vous qu'un tel électeur donne à la nation? Aucune assurément!

Est-il raisonnable, je le demande à tous, que les destinées d'un grand peuple soient ainsi livrées à la merci d'un si grand nombre d'aveugles et d'ignorants?

Je dis, qu'il y a dans cet ordre de choses un défaut capital, un abus monstrueux, un principe politique, qui demande a être modifié, enfin une réforme inévitable à établir, immédiatement, et sans aucun retard.

Si l'Assemblée, qui siége dans ce moment (fin mars 1871) à Versailles, n'opère pas cette réforme, ce sera l'œuvre de l'Assemblée constituante qui lui succèdera. Il y a urgence absolue à modifier d'une manière logique et rationnelle un principe politique, qui joue un si grand rôle dans l'organisation de notre gouvernement. L'intention des républicains de 1848 a pu être excellente, mais ces messieurs se sont étrangement trompés.

L'orsqu'on s'est trompé, il est plus méritoire et plus élogieux pour soi-même, de déclarer franchement qu'on s'est trompé, et d'avouer son erreur, plutôt que de persévérer dans son égarement, pour faire croire à une sorte d'infaillibilité, à laquelle le vulgaire a pu croire un moment, mais à laquelle personne ne croit plus aujourd'hui, excepté toutefois les aveugles.

En toute chose il y a, ce que je nomme *le juste milieu*. Le juste milieu n'est autre chose que la vérité même des choses. Or, ce juste milieu, ou cette vérité des choses, est très-difficile à saisir par *la raison humaine,* une preuve nouvelle que ce que certains esprits appellent *les lumières de la raison,* c'est un non sens. Tantôt, la raison humaine s'arrête à moitié chemin, et ne sait pas arriver à ce juste milieu, qui est la vérité même; elle reste en deçà de la vérité. Tantôt, elle dépasse le but de beaucoup, et va au delà de ce juste milieu, qui est la vérité parfaite. Ce n'est guère que par tâtonnements et par des essais que la pauvre raison humaine, grâce à l'expérience, qui est la meilleure des lumières, arrive enfin à saisir ce juste milieu des choses, qui est aussi la vérité parfaite des choses. L'histoire philosophique et morale de l'humanité fourmille de faits, qui démontrent et prouvent ce que j'avance ici. Que messieurs les libres penseurs cessent donc de s'obstiner, pour me vanter sans cesse, ce qu'ils appellent *les lumières de la raison.*

L'institution du vote, tel qu'il était pratiqué avant 1848, n'était pas la vérité parfaite; la raison humaine était restée en deçà de la vérité. Mais le suffrage universel, tel que l'ont décrété les républicains de 1848, n'est pas non plus la vérité parfaite; la raison humaine a été beaucoup trop loin; elle a dépassé le but; elle a été bien au delà de ce juste milieu, qui est la vérité parfaite.

Je réprouve donc, tout à la fois, et l'esprit politique du vote de la monarchie de Louis-Philippe, et l'esprit politique du vote de la République de 1848.

Voici ce que je propose, au nom de la République universelle de l'avenir; voici ce que demande la République du règne de Dieu et du nouveau monde. La

République de l'avenir demande, que le vote soit pratiqué, tout à la fois, par le plus grand nombre de citoyens, possible, mais aussi, par des électeurs suffisamment intelligents et suffisamment éclairés, pour voter avec une parfaite connaissance des choses. La loi électorale de la République du règne de Dieu devra donc être formulée par cette simple proposition : *Tout citoyen âgé de vingt-un ans, sachant lire couramment et un peu écrire, est électeur.*

X. — Le vote des femmes.

Je voudrais maintenant que le lecteur me permette de faire à mes concitoyens, une proposition, qui, au premier abord paraîtra singulière, qui peut-être même, chez plusieurs, excitera le rire — De quoi ne rions-nous pas en France? — Je voudrais que l'on fit voter les femmes. Pourquoi n'appellerions-nous pas la femme à prendre part à la vie politique et sociale, dans la mesure de ses moyens, bien entendu ; pourquoi ne l'associerions-nous pas à nos destinées politiques?

Nous nous plaignons quelquefois, pour ne pas dire assez souvent, — surtout à notre époque de décadence, — de la futilité des goûts et des aptitudes de nos femmes. A qui la faute, Messieurs, je vous le demande? N'est-ce pas nous qui, trop souvent, éloignons systématiquement la femme de tout ce qui touche aux intérêts politiques de la nation? N'est-ce pas nous qui reléguons la femme aux détails infimes des soins du mé-

nage ; quelquefois aussi aux seules préoccupations de
sa toilette et de ses chiffons, comme on dit vulgairement? Ne serait-il pas plus logique, plus juste, plus
utile de l'initier, au contraire, à la connaissance de tous
les éléments qui composent la vie politique, plutôt que
de lui fermer la porte, et de lui défendre, pour ainsi
dire, l'entrée d'un monde qui lui est parfois tout à fait
inconnu ; monde dans lequel elle a certainement son
rôle à jouer, rôle qui est, sinon le plus important, du
moins celui qui n'a pas la moindre influence sur les
destinées morales et sociales de l'humanité.

Pensez-vous, lecteurs, que la femme du grand monde,
la femme opulente, qui a reçu une éducation en rapport
avec sa condition sociale ; pensez-vous que la femme
de la bourgeoisie qui a reçu une certaine instruction ;
pensez-vous, enfin, que la femme de l'ouvrier qui sait
parfaitement lire et un peu écrire, comme j'en ai
connu un assez grand nombre, pensez-vous, dis-je,
que toutes ces femmes ne seraient pas beaucoup plus
aptes à décider quels sont les citoyens, qu'il serait utile
d'envoyer à nos grandes assemblées politiques, que ne
le sont nos paysans, qui ne savent ni lire, ni écrire,
et qui vivent tout à fait en dehors de la vie politique ; qui ne connaissent enfin, en fait de politique,
que ce que leur a inculqué la propagande, faite par le
curé du village ou par le garde champêtre de la commune? Propagande faite en réalité au profit du servi-
lisme, au profit du despotisme, au profit de la corrup-
tion?

Croyez-vous, enfin, que le vote de nos femmes, qui

savent lire et écrire, ne serait pas beaucoup plus intelligent, beaucoup plus éclairé, beaucoup plus rassurant pour les intérêts de tous et de chacun, que ne l'est le vote de nos paysans, qui ne savent ni lire, ni écrire, et conséquemment, qui sont d'une ignorance absolue touchant les grandes questions politiques et sociales, quand ils ne sont pas très-près de l'abrutissement?

Nul doute! et j'estime que, dans le sujet que je discute, personne ne saurait me présenter une objection sérieuse parmi les gens qui sont de bonne foi.

Tout le monde connaît la condition morale de la femme dans le siècle où nous vivons. Ce n'est pas calomnier l'espèce masculine que de venir lui dire qu'elle exerce sur la moitié du genre humain, et celle qui est la meilleure moitié, une sorte de tutelle, qui le plus souvent n'est qu'un despotisme déguisé. Il serait temps, ce me semble, aujourd'hui que le vent souffle très-fort à l'indépendance et à la liberté; il serait temps que le petit despote brisât son sceptre aux pieds de son esclave, en signe de délivrance de celle-ci, en signe de son affranchissement.

Du reste, ce que je propose, aujourd'hui, se réalisera demain, je ne crains pas de l'affirmer à tous; tant pis pour les égoïstes; tant pis pour les consciences timorées; tant pis pour ceux qui ont peur de la femme affranchie et jouissant de tous ses droits absolument comme les hommes.

J'affirme qu'on ne s'est jamais rendu bien compte, au sein de la famille et par suite au sein de la société, de l'influence que la femme exerce dans le monde, et

3

même de l'intelligence, dont elle fait preuve, dans une foule de circonstances de toute nature.

Sans doute la femme, à part de rares exceptions, n'est pas douée d'une aptitude qui lui rende facile les discussions abstraites et parfois nuageuses de la métaphysique, qui lui rende facile les démonstrations des sciences mathématiques ; mais pour tout ce qui concerne le droit, la justice, les convenances morales et sociales, quel discernement, quel tact, quelle justesse de jugement, quelle finesse d'appréciation, et surtout quelle persévérance, quelle fidélité à sa foi intime, quelle opiniâtreté, quand il s'agit d'arriver au but et de faire aboutir un plan, un dessein, que la femme a conçu dans son âme et dans son cœur?

Sous ce rapport, messieurs, les femmes sont nos maîtres. Et, quoiqu'il en coûte à votre amour-propre, d'entendre exprimer une telle opinion, il faut en prendre votre parti, mes bons amis, car la vérité est là?

Celui qui, le premier, a dit : *Ce que femme veut, Dieu le veut;* celui-là était un fin observateur, qui a parfaitement jugé la nature humaine de la femme, et qui a su pénétrer le fond de son cœur pour y voir ce que Dieu y a mis.

Le jour où nous aurons été, je ne dirai pas assez généreux, mais assez justes, pour reconnaître à la femme tous ses droits et son égalité parfaite devant l'homme et à côté de l'homme; ce jour-là, nous comprendrons que la femme est un puissant auxiliaire pour venir en aide à l'homme dans toutes les circonstances difficiles de la vie ; alors nous regretterons de nous être privés

dès l'origine de la vie humaine et si longtemps du con-
cours de la femme affranchie, nous regretterons d'avoir
usé et abusé trop longtemps de notre despotisme, et
nous reconnaîtrons, enfin, que nous avons été punis
par où nous avons péché.

Je viens de dire tout à l'heure que les femmes ont, en
matière de droit, de justice et de convenances morales,
plus d'intelligence et de jugement que les hommes.

A l'appui de cette opinion et de cette affirmation,
dont je me fais gloire, et que je suis heureux de consi-
gner dans ma discussion du moment, je dis et j'affirme
que ce sont les femmes qui sauveront notre vieille société, qui croule de toutes parts. Et voici comment.

J'ai dit dans ma précédente publication, à propos de
la puissance des principes de ma doctrine du spiritualisme, que ce sont ces principes qui sauveront le
monde.

Eh bien, voici ce qui arrivera très-certainement, je
ne crains pas de m'inscrire comme prophète. Les femmes
seront les premières à comprendre l'importance et la
puissance des principes générateurs et régénérateurs
de ma doctrine du spiritualisme, et conséquemment
elles seront les premières à adhérer à ma doctrine en
l'acceptant et en l'embrassant; et leur adhésion entraî-
nera ensuite celle des hommes. C'est de cette manière,
je l'affirme, que les femmes prouveront leur intelligence
et leur puissance en vue des destinées futures de l'humanité, en vue de l'avénement du règne de Dieu et du
nouveau monde.

Voilà de quelle manière les femmes demain sauveront la société qui croule et tombe en ruines.

En conséquence de ces considérations, qui, je l'espère, trouveront de nombreux échos dans la conscience d'un grand nombre d'hommes, je demande que l'on commence à faire le premier pas dans cette voie nouvelle de l'émancipation de la femme, en lui conférant ce que j'appellerai ses droits politiques, et en l'appelant à voter avec nous, toutes les fois que le scrutin sera ouvert pour nommer les candidats à nos assemblées politiques. Je demande, enfin, que la femme aie le droit de voter aux mêmes conditions que nous, selon la formule suivante :

Toute femme âgée de vingt-un ans, sachant lire couramment et un peu écrire, sera électrice.

Voilà, selon moi, ami lecteur, les principaux éléments qui constitueront les bases de la République universelle de l'avenir.

Dans mes discussions, j'ai omis, à dessein, certains détails qu'il m'a paru inutile de discuter dans mes dissertations, mais dont il va être fait mention dans ce que je nomme : *les principes constitutifs* de la République universelle de l'avenir, principes, que je vais essayer de formuler d'une manière aussi complète que possible, en mettant dans l'ordre des idées toute la clarté, toute la logique désirables.

Voici donc le *résumé* de mes dissertations politiques; voici l'exposé des principes constitutifs de la République universelle de l'avenir, qui sera aussi la République du règne de Dieu et du nouveau monde.

XI. — Résumé des discussions précédentes.

PRINCIPES CONSTITUTIFS DE LA RÉPUBLIQUE UNIVERSELLE
DE L'AVENIR.

1° *Dispositions politiques internationales.*

1. Considérant que *le principe politique constitutif de la Monarchie*, c'est la puissance absolue des rois ; considérant que cette forme de gouvernement livre aux volontés d'un seul homme, le plus souvent despote, ou incapable, ou capricieux, ou injuste, ou dilapidateur, ou de mœurs corrompues, ou même tyrannique et sanguinaire les intérêts sacrés de tout un peuple et les libertés de toute une nation ; considérant que d'ailleurs la guerre, le plus cruel et le plus funeste de tous les fléaux , a toujours été et sera toujours le fait et le résultat de l'ambition et de la cupidité des rois ; en vue, dis-je, de ces nombreux considérants, d'une importance morale, à nulle autre pareille, *la Monarchie est à tout jamais abolie parmi les peuples chrétiens ou civilisés.*

2. Chaque nation chrétienne ou civilisée inaugurera *le principe politique de la République universelle.*

3. Toutes les nations, qui accepteront cette forme nouvelle et définitive de gouvernement, formeront *une*

Sainte Alliance et une vaste association, et composeront ensemble : *le Royaume de Dieu.*

4. Dans cette alliance des républiques nouvelles, il n'y aura pas des républiques de premier degré et des républiques de deuxième degré.

5. Toutes les républiques seront du même degré, attendu que la fraternité et la liberté auront planté leur étendard parmi tous les peuples du Royaume de Dieu.

6. Il n'y aura donc que des républiques grandes ou petites, selon l'étendue du sol et la population respective de chacune d'elles.

7. Cette association républicaine des divers peuples du monde civilisé aura pour base et pour fondements les dispositions générales suivantes :

8. Abolition définitive de la guerre entre toutes les nations de la République universelle.

9. Tout différend et tout conflit, de quelque nature qu'il soit, qui surviendra entre deux nations, sera toujours jugé par un tribunal international qui sera nommé : *la Cour suprême.*

10. Cette Cour suprême, qui se composera d'un délégué par République, statuera sur la nature et l'importance des conflits. Elle prononcera un blâme et condamnera à une amende, s'il y a lieu, au profit de la nation outragée, la nation qui se sera rendue coupable d'injustice.

11. Cette Cour suprême jugera sans appel. Et, dans

le cas où la nation condamnée se refusait à accepter la condamnation infligée, et à subir le jugement prononcé, elle y serait contrainte par la force des armes des autres républiques réunies.

12. L'alliance des républiques du Royaume de Dieu établira le libre échange comme suit : Dans chaque nation tous les produits étrangers, prohibés jusqu'à ce jour, seront admis moyennant un droit de douane de quinze pour cent pendant les trois premières années ; dix pour cent pendant les trois années suivantes, et de cinq pour cent pendant les trois années qui viendront après. Après quoi tout droit de douane sera supprimé ; de sorte qu'après cette période de neuf années la liberté commerciale, la plus absolue, sera établie entre toutes les productions des Républiques du Royaume de Dieu.

13. Le système décimal et le système des nouvelles mesures seront pratiqués immédiatement par toutes les républiques du Royaume de Dieu.

14. Il sera établie un système de monnaies équivalentes, de telle sorte que toutes les Républiques du Royaume de Dieu auront des monnaies simillaires, en sorte que ces monnaies de même valeur, pourront être échangées sans aucun frais de change et sans formalités aucunes.

15. Enfin, pour faciliter les rapports de toute nature entre les divers peuples de cette alliance internationale, lesquels peuples parlent chacun une langue différente, suivant leur race et leur origine, une langue vivante sera décrétée, *langue universelle.*

16. La langue, qui sera décrétée langue universelle, et que tous les peuples devront apprendre, tout en conservant leur langue nationale, *c'est la langue française* (1).

2° *Dispositions politiques particulières.*

1. Dans chácune des nations qui composeront la sainte alliance des peuples du Royaume de Dieu, *le pouvoir de la République* sera conféré à une assemblée, *seule*

(1) Des économistes et des hommes politiques intelligents se sont préoccupés, depuis déjà longtemps, de la nécessité d'établir une langue qui, devenant commune à tous les peuples, leur permettrait d'échanger facilement leurs idées et leurs sentiments, et favoriserait toutes les transactions commerciales, etc.

Quelques-uns ont proposé de revenir à une langue ancienne, telle que la langue latine ; d'autres ont proposé de composer une langue nouvelle basée sur tel système de syntaxe.

Ces deux projets me paraissent aussi impraticables l'un que l'autre.

D'abord on ne ressuscite pas une langue morte, qui est abandonnée ; en second lieu *on ne fait pas une langue*, attendu que les langues se font d'elles-mêmes, pour ainsi dire et par la force des circonstances générales.

Le seul moyen, selon moi, de résoudre le problème, c'est de prendre une des langues vivantes, la plus répandue, si l'on veut, et de l'universaliser en la faisant apprendre par tous les peuples.

Si l'on considère maintenant que le Pape parle français, que tous les souverains de l'Europe parlent français, que tous les hommes de la classe élevée en Allemagne parlent français, etc., etc., on comprendra l'importance de la langue française, et la faveur dont elle jouit dans toutes les nations civilisées. Il n'y a donc qu'une seule chose à faire, pour résoudre cet important problème de la civilisation moderne, c'est de décréter que la langue française sera la langue universelle.

et *unique*, qui gouvernera la nation au nom de la justice et de la liberté.

2. L'assemblée qui constituera dans chaque nation le gouvernement de la République, et qui exercera le pouvoir en son nom, prendra le nom de : *Conseil des sages*.

3. Dans chaque nation, le nombre des membres du conseil des sages sera, au moins de *un*, et au plus de *trois*, par million de citoyens de la République.

4. Toutefois le nombre des membres du Conseil des sages ne saurait être moindre de *dix*, pour les petites républiques, ni dépasser le nombre *trois cents* pour les grandes républiques.

5. Tout citoyen, qui sera proposé par ses concitoyens pour être élu membre du Conseil des sages devra réunir les quatre conditions suivantes. 1° Il devra être âgé de trente-trois ans ; 2° il devra savoir parfaitement lire et un peu écrire ; 3° il devra n'avoir subi aucune condamnation ou peine correctionnelle ; 4° il devra être citoyen de la République d'origine et de naissance, c'est-à-dire, être né sur le sol de la République, d'une mère née aussi sur le territoire de la République, d'un père né également sur le sol de la République.

6. Aucun citoyen de la République ne saurait poser sa candidature au Conseil des sages, soit par la voie des journaux, soit au moyen d'une profession de foi affichée, *sous peine de perdre tous ses droits* à sa nomination au Conseil des sages.

7. Les électeurs seront chargés, seuls, de rechercher quels sont les citoyens qui dans la République sont

assez honorables, assez intelligents, assez capables, assez dévoués aux intérêts de la patrie, pour mériter l'honneur d'être nommés membres du Conseil des sages.

8. Les élections des membres du Conseil des sages se feront par division territoriale, c'est-à-dire que, les conseillers seront nommés par département, ou par province, ou par district ou par comté, etc., etc., en nombre tel que le résultat approximatif soit conforme à l'article 3, où il est dit que, la représentation nationale sera au moins de un, et au plus de trois délégués par million de citoyens.

9. Tout candidat au Conseil des sages sera élu à la *majorité absolue*, c'est-à-dire à la condition expresse de réunir *la moitié plus un* des suffrage des électeurs inscrits dans la circonscription électorale dans laquelle il aura été proposé aux suffrages des électeurs

10. Dans chaque circonscription on votera par *bulletin de liste*, écrit à la main et non imprimé.

11. Si, à un premier tour de scrutin dans une circonscription quelconque, plusieurs candidats se sont partagés les suffrages, et qu'aucun d'eux n'ait réuni la majorité déterminée dans l'article 9, on procédera, dans cette circonscription, de quinzaine en quinzaine, à de nouvelles élections successives, jusqu'à ce que l'un des candidats présentés réunisse la majorité déterminée, savoir : la moitié plus un des suffrages des électeurs inscrits dans cette circonscription électorale.

12. Le scrutin pour le vote sera ouvert *un seul jour*, toujours le dimanche, pendant une durée de *neuf heu-*

res au moins ; et *le dépouillement du scrutin com·mencera immédiatement après le vote*, séance tenante et sans désemparer.

13. Tout citoyen de la République, âgé de vingt-un ans, sachant lire couramment et un peu écrire, sera électeur.

14. Toute femme, âgée de vingt-un ans, sachant lire couramment et un peu écrire, sera électrice.

15. La durée de chaque session du Conseil des sages sera de cinq ans.

16. Les membres du Conseil des sages d'une session pourront être réélus pour la session suivante.

17. Dans les Républiques du Royaume de Dieu et du nouveau monde, il n'y aura pas de président de la République, mais seulement un président des séances, choisi dans le conseil, et *nommé par le conseil,* à la majorité absolue.

18. Le président des séances sera élu chaque année ; le même président pourra être réélu pendant les cinq années d'une même session ; de même aussi, le Conseil des sages pourra révoquer son président, et en nommer un autre à sa place, toutes les fois qu'il le jugera nécessaire et convenable.

19. La majorité absolue suffira à tous les votes du Conseil des sages pour que ces votes aient force de loi.

20. Tout membre du Conseil des sages devra prendre part à tous les votes, soit en faveur de la délibération, soit contre cette même délibération. Les abstentions sont rigoureusement interdites.

21. Les fonctions de membres du Conseil des sages

sont incompatibles avec tout autre fonction publique ou privée.

22. Les fonctions de membre du Conseil des sages seront rétribuées avec sagesse, et dans la mesure des circonstances du moment.

23. Le Conseil des sages nommera les ministres, et tous les hauts fonctionnaires dans toutes les institutions et administrations, faisant partie de l'organisation de la République, sans aucune exception.

24. Dans chaque institution, de la République, les hauts fonctionnaires à leur tour, nommeront, chacun dans leur administration, tous les autres fonctionnaires.

25. Les divers emplois et fonctions dans le gouvernement de la République seront donnés toujours au mérite, c'est-à-dire à des citoyens capables, intelligents, et *ayant conscience de leurs devoirs à remplir envers la patrie.*

26. Les ministres, ainsi que les hauts fonctionnaires, et jusques aux plus modestes employés des diverses institutions et administrations de la République, seront responsables, à l'égard de la nation, de tous leurs actes dans l'accomplissement de leurs fonctions publiques.

27. Tous les fonctionnaires, en cas d'infidélité dans l'accomplissement des devoirs de leurs fonctions, seront passibles des condamnations, peines ou réprimandes établies par les lois de la République, et *nul ne sera réputé inviolable,* pas même les membres du Conseil des sages, qui tous seront, non au-dessus, mais bien, au-dessous de la loi.

Voilà, ami lecteur, les principes généraux, c'est-à-dire les principes constitutifs les plus importants, à l'aide desquels la République universelle de l'avenir pourra être établie et organisée dans toutes les nations, qui seront mûres pour la liberté et l'indépendance.

Sans doute, la critique minutieuse pourra peut-être signaler par ci, par là, quelques lacunes.

Par exemple, je n'ai rien dit sur l'époque à laquelle on devra organiser les réunions électorales, dans lesquelles les électeurs auront à discuter le mérite des candidats au Conseil des sages. J'aurais pu dire qu'il sera bon d'inscrire les électeurs sur un registre et les électrices sur un autre registre, afin de faciliter l'inscription des électeurs. J'aurais pu dire également que dans chaque lieu de réunion pour voter, il n'y aura qu'une seule urne pour les électeurs et les électrices. Je n'ai rien dit non plus du règlement du Conseil des sages, etc., etc. Mais le lecteur doit comprendre que tous ces éléments de discipline, d'ordre et d'administration, sont, pour ainsi dire, sans importance, et que partout, où la République universelle du Règne de Dieu et du nouveau monde plantera son étendard, les dispositions nécessaires seront faciles à établir par les intéressés.

XII. — Les principes constitutifs de la République universelle de l'avenir sont les seuls, qui puissent donner à la France cette unité, de principes politiques, capable de la sauver de sa ruine, capable de la rendre puissante et glorieuse au milieu de tous les autres peuples du monde.

La présente publication constitue ce que je nomme *le principe vital de la République.*

C'est ce principe vital de la République qui est destiné à s'universaliser au milieu des nations et des peuples de notre siècle, pour devenir ce que j'ai appelé la République universelle de l'avenir ; avenir très-prochain, si j'en crois mon sentiment. C'est ce principe vital de la République qui peut et qui doit, selon moi, fonder au sein de notre chère France, divisée jusqu'à l'anarchie par les partis politiques, fonder, dis-je, l'unité politique parmi nous ; de telle sorte que si nous pouvons nous rallier tous à ce principe politique nouveau, et marcher comme un seul homme sous sa bannière, nous deviendrons forts et puissants de faibles que nous sommes.

A l'œuvre donc, mes concitoyens, enfants de la France ! Ne nous laissons pas épuiser par nos divisions politiques, ne nous laissons pas dominer par l'anarchie.

Mettons de côté toutes nos ignorances d'abord, puis aussi toutes nos haines, toutes nos ambitions.

N'ayons qu'une seule pensée, qu'un seul sentiment, qu'*une seule âme politique, et que cette âme politique soit celle de la République du Règne de Dieu,* car elle nous apporte la délivrance de tous les captifs et de tous les opprimés, elle nous apporte la liberté et la justice ; et demain la France, notre mère commune, notre mère chérie sera délivrée de ses ennemis ; nous l'aurons arrachée des serres des vautours, qui la déchirent et veulent lui sucer tout le sang.

Levons-nous comme un seul homme pour proclamer ce principe politique nouveau, messager d'en haut, et que Dieu nous envoie pour le salut de tous, et demain nous serons forts contre les dominateurs, contre tous ces rois et prétendants, qui n'ont qu'une seule idée, celle de nous dévorer pour s'enrichir de nos dépouilles.

Levons-nous tous, hommes, femmes et enfants, et, d'une seule voix, proclamons et acclamons le Règne de Dieu, le règne de la République universelle.

Que notre acclamation soit un éclat de tonnerre qui vienne foudroyer tous les traîtres et les tyrans, tous les indignes, tous les lâches, tous ceux qui sont les ennemis de la délivrance des peuples, et qui n'ont qu'un seul but, qu'un seul désir, qu'une seule politique ; tenir les peuples dans l'ignorance, pour les mieux dominer et pour les mieux exploiter.

Ce que je tiens surtout à bien faire comprendre à tous mes concitoyens, de telle sorte que personne n'en ignore, c'est qu'aujourd'hui, il n'y a pas deux voies de salut pour la France ; il n'y en a qu'une ; et cette voix unique de salut pour notre patrie, c'est l'établissement de la République nouvelle du Règne de Dieu. Je le repèle : En dehors de ce principe politique, il n'y a point de salut pour la France.

Je me plais à croire que mes concitoyens auront compris et reconnu que la présente publication a tenu la promesse que j'ai faite dans ma dernière brochure intitulée : *La vérité sur l'état moral de la France.*

J'ai dit, dans cette publication philosophique, que ma doctrine du *spiritualisme* donnerait le principe politique, qui serait capable de rallier tous les partis politiques, afin de consacrer une fois pour toutes et à tout jamais *l'unité politique de la France,* sans laquelle unité il n'y a pas de nationalité possible, sans laquelle la France ne peut être une nationalité.

Je répèterai ensuite ce que j'ai dit dans cette publication ; qu'il y a trois principes qui servent de base et de fondement à toute nationalité, savoir : 1° un principe politique ; 2° un principe économique ; 3° un principe religieux.

Comme principe politique, il n'y a de possible pour la France, dans les circonstances actuelles, que le principe de la *République universelle,* telle que je viens de la formuler et de la détailler. Toute autre forme de gouvernement est impossible pour le moment ; est bien aveugle qui ne le voit pas, est bien ignorant qui ne le comprend pas.

Dans cette même brochure, j'ai promis encore que ma doctrine du Spiritualisme produirait et ferait connaître de nouveaux principes, en matière d'*économie sociale,* principes qui donneront à la société moderne la solution de ce grand problème, l'extinction du paupérisme, l'abolition du prolétariat, la fin de la misère. C'est cette publication sur l'économie qui renfermera les principes destinés à consacrer parmi nous, en France, ce que je nomme *l'unité des principes* en matière d'économie.

Puis, enfin, dans une troisième publication, je ferai connaître quelles sont *les doctrines religieuses qui pourront et devront constituer le principe religieux*, capable de consacrer parmi nous, dans notre nation française, *l'unité religieuse*.

De cette manière, ma doctrine du spiritualisme aura formulé ces trois principes fondamentaux de toute nationalité, qui fera de la France une nation forte et puissante :

Forte et puissante par l'unité des principes politiques ;

Forte et puissante par l'unité des principes économiques ;

Forte et puissante par l'unité des principes religieux.

Cependant, avant de publier mon *Traité sur l'économie sociale*, je me propose de faire paraître une forte brochure qui traitera une question palpitante d'intérêt, selon moi, cette question est celle *des Droits de la femme*.

Les discussions concernant les droits de la femme pourront être renfermées dans une brochure, tandis que les discussions sur l'extinction du paupérisme et la fin de la misère comprendront la matière d'un volume.

4

Par cela même, je désire publier de suite la brochure sur les droits de la femme, pour pouvoir ensuite, sans aucune préoccupation étrangère, travailler à la publication du volume, qui apportera à la connaissance des esprits une science toute nouvelle, dans laquelle ma doctrine du *Spiritualisme*, en vue d'établir ce que je nomme le Règne de Dieu et le nouveau monde, discutera et démontrera les lois sur l'économie, de telle sorte que dans la société nouvelle, dans cette République universelle de l'avenir, la condition des travailleurs sera comme transformée, si bien que la misère et le paupérisme auront été bannis de parmi les peuples.

A bientôt donc ma publication sur les droits de la femme; à plus tard ensuite ma publication sur l'extinction du paupérisme; à plus tard, enfin, ma publication sur *la religion universelle de l'avenir*, publications qui, avec l'aide de Dieu, tiendront les promesses que je fais à tous dans ce moment.

TABLE DES MATIÈRES

—

Toulouse. — Imprimerie de RIVES & PRIVAT, rue Tripière, 9

www.ingramcontent.com/pod-product-compliance
Lightning Source LLC
Chambersburg PA
CBHW071004280326
41934CB00009B/2170